BEI GRIN MACHT SICH IHR WISSEN BEZAHLT

- Wir veröffentlichen Ihre Hausarbeit,
  Bachelor- und Masterarbeit

- Ihr eigenes eBook und Buch -
  weltweit in allen wichtigen Shops

- Verdienen Sie an jedem Verkauf

Jetzt bei www.GRIN.com hochladen
und kostenlos publizieren

Frederik Böckmann, Matthäus Spora, Florian Zimmeck, Valon Shabaj

Das Sozialsystem der Schweiz

GRIN Verlag

Bibliografische Information der Deutschen Nationalbibliothek:

Die Deutsche Bibliothek verzeichnet diese Publikation in der Deutschen National-
bibliografie; detaillierte bibliografische Daten sind im Internet über http://dnb.d-
nb.de/ abrufbar.

Impressum:

Copyright © 2005 GRIN Verlag GmbH
Druck und Bindung: Books on Demand GmbH, Norderstedt Germany
ISBN: 978-3-640-20488-5

Dieses Buch bei GRIN:

http://www.grin.com/de/e-book/110993/das-sozialsystem-der-schweiz

GRIN - Your knowledge has value

Der GRIN Verlag publiziert seit 1998 wissenschaftliche Arbeiten von Studenten, Hochschullehrern und anderen Akademikern als eBook und gedrucktes Buch. Die Verlagswebsite www.grin.com ist die ideale Plattform zur Veröffentlichung von Hausarbeiten, Abschlussarbeiten, wissenschaftlichen Aufsätzen, Dissertationen und Fachbüchern.

Besuchen Sie uns im Internet:

http://www.grin.com/

http://www.facebook.com/grincom

http://www.twitter.com/grin_com

Universität Osnabrück

Fachbereich 1

WS 2005/2006

Seminar: 1.207. Soziale Strukturen in der EU I

Referat:

Das Sozialsystem der Schweiz

Verfasser:

Frederik Böckmann
Valon Shabaj
Matthäus Spora
Florian Zimmeck

Abgabetermin: 13.2.2006

Inhaltsverzeichnis

1. Historischer Abriss

Das Sozialsystem der Schweiz hat im europäischen Vergleich den Ruf der Rückständigkeit erteilt und hat sich auf Bundesebene in der Tat erst sehr spät entwickelt. Allerdings reichen die Ursprünge des schweizerischen Sozialstaates bis ins 19. Jahrhundert zurück, als die starke Bevölkerungszunahme und die Industrialisierung das Land kennzeichneten. Bereits zu dieser Zeit prägten Mobilität und Zuwanderung das Land und mit der in der Bundesverfassung von 1848 verankerten Staatszielbestimmung „Beförderung der gemeinsamen Wohlfahrt"[1] spiegelt sich der liberale Typus des Schweizer Sozialsystems wider.

Mit der Einführung des Fabrikgesetzes (1877) und dem Haftpflichtgesetzt (1881) nahm die Schweiz früh eine Vorreiterrolle in der europäischen Arbeitsschutzgesetzgebung ein. 1890 gab es bereits die ersten Anfänge für den Aufbau einer Sozialversicherung und tatsächlich kompensierte die lokale respektive kantonale Sozialhilfe bis zur Mitte des 20. Jahrhunderts die fehlende Funktion einer gesamtschweizerischen Sozialpolitik.

Obwohl sich die Industrialisierung in der Schweiz sehr früh vollzogen hatte, gab es lange keinen Schutz gegen Alter, Krankheit oder Tod. Gesetze für diese sozialen Risiken traten erst zu Beginn des 20. Jahrhunderts in Kraft. Die Alters- und Hinterlassenenversicherung (AHV) wurde erst 1948 in einer Volksabstimmung angenommen (siehe auch 3.).

Und die Invalidenversicherung trat sogar erst 1960 in Kraft. Regelungen für eine Mutterschaftsversicherung gibt es erst seit dem 1. Juli 2005.[2] Eine gesamtschweizerische Lösung der Familien- und Kinderzulagen (siehe auch 2.) wurden bis heute abgelehnt, obwohl sie bereits 1945 in die Verfassung eingingen.

---

[1] Vgl. Kraus, Katrin; Gausen, Thomas: Sozialstaat in Europa. Geschichte, Entwicklung, Perspektiven. 1. Auflage. Wiesbaden. Westdt. Verlag. 2001. S. 250-256.
[2] Vgl. http://www.bsv.admin.ch/aktuell/highlight/d/index.htm vom 14.1.2006.

Das Sozialsystem der Schweiz ist zusammenfassend als „verspätet" zu titulieren, in dem die meisten Bestimmungen erst in der wirtschaftlichen Prosperitätsphase nach dem Zweiten Weltkrieg die Aufnahme in die Gesetzgebung fanden und nach dem System der Subsidiarität aufgebaut sind.[3]

2. Familienpolitik

Um über Familienpolitik sprechen zu können, muss man erst definieren, was unter Familienpolitik überhaupt zu verstehen ist. Für die Schweizer ist Familienpolitik ein interdisziplinäres Fach, da die Familie in fast allen politischen Feldern betroffen ist. Dabei setzt die Schweiz hauptsächlich auf die Mittel des Föderalismus und der Subsidiarität.

Föderalismus und Subsidiarität bedeutet in diesem Zusammenhang, staatliche Funktionen an untergeordnete Organisationen abzugeben, zum Beispiel an die Kantone, aber auch – und das ist in der Schweiz eine Besonderheit – an private Organisationen. Auf diese Weise soll erreicht werden, dass entstehende Probleme auf möglichst niedriger Ebene gelöst werden und die Eigenverantwortung so entsprechend gefördert werden soll. Inwieweit die Schweiz diesem Anspruch gerecht wird, muss in Frage gestellt werden, da sich die Familienpolitik des Bundes auf nur einen Paragraphen beschränkt: „Danach hat der Bund bei der Ausübung seiner Befugnisse die Bedürfnisse der Familie zu berücksichtigen."[4]

Reicht ein einzelner Paragraph aus, um mit der Komplexität der Familien standhalten zu können und reichen die Prinzipien aus, um eine Familie ausreichend zu versorgen und unterstützen zu können? In folgendem wird versucht, die Defizite eines solchen Systems aufzuzeigen und zu prüfen, ob und in wieweit Familien in der Schweiz tragfähig sind.

---

[3] Vgl. Kraus, Katrin; Gausen, Thomas: Sozialstaat in Europa. Geschichte, Entwicklung, Perspektiven. 1. Auflage. Wiesbaden. Westdt. Verlag. 2001. S. 250-256.
[4] Vgl. http://www.bsv.admin.ch/fam/grundlag/d/politik.htm vom 14.1. 2006.

Familienzulagen, die auf Bundesebene geregelt sind, gibt es nur für Personen, die in der Landwirtschaft beschäftigt sind oder für das Bundespersonal. Für alle anderen gelten die jeweiligen Bestimmungen der betreffenden Kantone. Dieses Modell hat dementsprechend nicht nur Vorteile, sondern auch Nachteile. Unter anderem sind Familienzulagen von der beruflichen Stellung der Eltern abhängig und es erhalten nicht alle Familien Zulagen. Im Fall des Verlustes des Arbeitsplatzes haben nur sehr wenige Personen Anspruch auf Familienzulagen. Folge daraus ist, dass das Armutsrisiko mit Kindern steigt; am häufigsten davon betroffen sind Alleinerziehende und Geringverdiener.

Wie wir bereits gesehen haben, sind die Zahlungen, die die Familien erhalten, gering und zudem nicht einheitlich geregelt, was uns zu der Frage führt, welche anderen Entlastungen die Familie neben den direkten Zahlungen bekommt.

Neben den direkten Zahlungen genießen Familien steuerliche Vorteile. Dabei entsteht jedoch ein Ungleichgewicht zwischen Zweiverdienerehepaaren gegenüber zwei verdienenden Konkubinatspaaren, denen aufgrund des Steuersystems größere Vorteile zukommen. Weitere Entlastungen soll durch Familien ergänzende Kinderbetreuung erreicht werden; Mittel dafür sind zum Beispiel Tagesheime, Krippen und Horte. Die Kompetenzen dafür liegen fast vollkommen in der Hand der Kantone und Gemeinden.

Die Errichtung solcher Familien ergänzender Kinderbetreuungsstätten wird hauptsächlich von privaten Organisationen getragen, die jedoch staatlich subventioniert werden. Das Problem hierbei ist jedoch, dass die Anzahl solcher Einrichtungen den Bedarf an jenen nicht decken kann.

Es bleibt also die Frage ob ein solches System annehmbar ist, um Familien ausreichend zu unterstützen. Denn es entstehen mit einem solch leistungsorientierten System Probleme, die auf Familienebene nur schwer zu bewältigen sind. Familien werden nämlich nur unausreichend unterstützt und auch nur dann, wenn die Eltern einen Beruf ausüben. Inwieweit Familie und Beruf in der Schweiz vereinbar sind, lässt sich nicht endgültig klären. Aber man kann feststellen, dass Familien nicht nur eine finanzielle Belastung sind, sondern die Eltern auch noch durch Erziehung und Fürsorge für die Kinder zusätzlich belastet werden, ohne ausreichend vom Staat unterstützt zu werden. Dementsprechend ist die Familienpolitik in der Schweiz nicht soweit ausgeprägt, wie sie sein sollte. Prinzipien wie Subsidiarität in der Familienpolitik müssten durch das Prinzip der Unterstützung ausgetauscht werden.[5]

3. Alters- und Hinterbliebenenversicherung (AHV)
3.1. Geschichtlicher Hintergrund

Eine gesetzliche Grundlage für eine Altersvorsorge besteht in der Schweiz erst seit 1948. Um die Alterssicherung trotzdem sicherzustellen, führten viele Arbeitgeber zuvor schon betriebliche Wohlfahrtsstiftungen und Fürsorgekassen ein, um ihre Arbeitnehmer abzusichern. Dies geschah auf Grundlage des Kapitaldeckungsverfahrens. Diese Kassen existieren auch heute noch und werden als ergänzende Alterssicherung weitergeführt.[6] Forderungen nach Schaffung einer gesetzlich Grundlage lassen sich aber trotzdem seit dem Jahr 1918 ausmachen, so war die Schaffung einer Altersvorsorge ein wesentliches Kernelement des Generalstreiks von 1918. Nach langem Debattieren um den genauen Wortlaut des Gesetzes kam es sieben Jahre später doch zu einem verfassungsgemäßen Entwurf, der auch den Fall der Invalidität berücksichtigte. Im Dezember 1925 votierten dann auch Volk und Stände für diesen Vorschlag.

[5] Vgl. http://www.bsv.admin.ch/aktuell/highlight/d/index.htm vom 14.1.2006.
[6] Vgl. http://www.rechsteiner-basel.ch/pub/18/flexicurity.pdf vom 15.1.2006.
[6] Vgl. Kraus, Katrin; Gausen, Thomas: Sozialstaat in Europa. Geschichte, Entwicklung, Perspektiven. 1. Auflage. Wiesbaden. Westdt. Verlag. 2001. S. 250-266.

Das Gesetz wurde aber erst nach weiteren 22 Jahren durch eine Volksabstimmung angenommen und das Gesetz zur Alters- und Hinterbliebenenversicherung trat am 1. Januar 1948 in Kraft.[7]

Die Altersvorsorge war hier nur als Basisversicherung gedacht, die nicht den vollen Existenzbedarf absicherte, sondern nur in Verbindung mit zusätzlichen Einkünften funktionierte. Dies stellte sich immer mehr als ungenügend heraus, so war auch die parallel zu AHV eingeführte freiwillige berufliche Alters- und Hinterlassenenvorsorge immer wieder Gegenstand von Reformen. Es kam vermehrt der Wunsch auf, für die Alters- und Hinterbliebenenvorsorge ein Gesamtkonzept zu finden. Der Bundesrat führte in einer Botschaft zur 6. AHV-Revision aus, dass die Alterssicherung künftig nach dem 3-Säulenkonzept ablaufen sollte. Die endgültige Gesetzesgrundlage für das heutige 3-Säulen Modell trat dann aber erst am 3. Dezember 1972 in Kraft.[8] Man kann hier aber nicht von drei gleichberechtigten Säulen sprechen. Stattdessen handelt es sich hier vielmehr um eine Pyramide, die in drei Ebenen unterteilt ist.[9]

3.2 Das 3-Säulenkonzept
3.2.1. Die Alters- und Hinterbliebenenversicherung

Das erste Element der drei Säulen stellt die Alters- und Hinterbliebenenver-sicherung dar. Sie funktioniert nach dem Umlageverfahren und soll den Grundbedarf der Bevölkerung sichern. Sie schließt die gesamte Bevölkerung ein, da es sich um eine obligatorische Pflichtversicherung handelt. Sondersystem wie zum Beispiel für Beamte existiert hier also nicht. Sollte diese erste Säule in bestimmten nicht Fällen nicht ausreichen, zum Beispiel wenn es keine Einnahmen aus den beiden übrigen Säulen gibt um den

7 Vgl. Wagner, Antonin, SASSA- Sekretariat (Hrsg.): Wohlfahrtsstaat Schweiz: Eine problemorientierte Einführung in die Sozialpolitik, Verlag: Paul Haupt Bern und Stuttgart. 1985. S. 170- 171.
8 Vgl. http://www.rechsteiner-basel.ch/pub/18/flexicurity.pdf vom 15.1.2006.
9 Vgl. http://www.rechsteiner-basel.ch/pub/18/flexicurity.pdf. vom 16.1.2006.
10 Vgl. Wagner, Antonin, SASSA- Sekretariat (Hrsg.): Wohlfahrtsstaat Schweiz: Eine problemorientierte Einführung in die Sozialpolitik. Verlag: Paul Haupt Bern und Stuttgart. 1985. S. 174.

Existenzbedarf zu sichern, steht den Bedürftigen die Möglichkeit offen, Ergänzungsleistungen zu beantragen. Die Ergänzungsleistungen sind unabhängig von geleisteten Beiträgen und aufgrund ihres eindeutig definierten und einklagbaren Rechtsanspruchs als Zwitter zwischen versicherungsähnlicher Leistung und Sozialhilfe zu sehen. [10]

Das Schweizer Modell weist einige Solidaritätskomponenten auf. Zum Beispiel entsteht hier durch das Prinzip einer Minimalrente und einer Maximalrente eine vertikale Umverteilung, da hohe Einkommen nicht von einem Teil ihrer Beiträge profitieren können und so Solidaritätsbeitrage für niedrige Einkommen bezahlen. [11]

Innerhalb der AHV errechnet sich die Höhe der Renten aus der Beitragsdauer und dem durchschnittlichen Jahreseinkommen, abzüglich der anzurechnenden Erziehungs- und Betreuungsgutschriften, sowie der Beitragsdauer. Die Bedingungen für eine Vollrente gelten nur dann als erreicht, wenn zwischen Vollendung des 20. Lebensjahres und der Pensionierung permanent Beiträge geleistet wurden. [12] Sollte dieses nicht der Fall sein und es entstehen Lücken in der Erwerbsbiographie, kommt es zu einer Teilrente und einer Schmälerung des Alterseinkommen. Dies lässt sich sicherlich als ein Schwachpunkt des Systems bezeichnen. Bei Arbeitslosen werden die nicht entrichteten Beiträge in ein entsprechendes Jahresein-kommen umgerechnet.

Als Folge auf die immer weiter ansteigende Zahl der Scheidungen kam es bei der 10. AHV Revision 1997 zum so genannten „Ehegatten-Splitting". Es kommt also nicht mehr zu einer gemeinsam ausgezahlten Ehepaaralterrente. Beide Ehepartner beziehen seitdem eine Einzelrente. Hier werden Beiträge die während der Ehe einbezahlt werden je zur Hälfte auf beide AHV-Konten einbezahlt. [13]

---

[11] Vgl. http://www.rechsteiner-basel.ch/pub/18/flexicurity.pdf. vom 16.1.2006.
[12] Vgl. http://www.rechsteiner-basel.ch/pub/18/flexicurity.pdf. vom 16.1.2006.

[13] Vgl. http://www.rechsteiner-basel.ch/pub/18/flexicurity.pdf. vom 16.1.2006.

Für die Mehrheit der Rentner stellt die AHV die dominante Einnahmequelle dar und sichert 50% der Renteneinkommen; im Durchschnitt deckt die AHV 37% der Alterseinkünfte ab. [14]

3.2.2. Die berufliche Vorsorge

Die gesetzliche Grundlage für die zweite Säule im System trat erst nach mehrjährigen Verhandlungen in Kraft im Januar 1985 in Kraft.

Das erklärte Ziel dieser Säule ist es, den Versicherten in Kombination mit der AHV, den gewohnten Lebensstandard weiter zu ermöglichen.[15] Auch die berufliche Vorsorge ist obligatorisch, aber hier mit der Ausnahme, dass nur abhängig Beschäftigte im System erfasst sind; für Selbstständige besteht hier die Möglichkeit sich freiwillig zu versichern. Beitragspflichtig ist man ab dem 25. Lebensjahr bis zur Pensionierung. Eine Kompensation für fehlende Beitragsjahre kennt diese Säule nicht. Die hier entrichteten Leistungen funktionieren nach dem Kapitaldeckungsverfahren. Es wird also in der Erwerbszeit angespart, der dann während der Rente wieder aufgebraucht wird. [16]

Grundlage für die Versicherung in dieser Säule ist nicht der gesamte, sondern der „koordinierte Lohn"; dies entspricht dem Betrag zwischen dem unteren Grenzlohn, welches die die einfache Maximalrente der AHV ist, und dem oberen Grenzlohn; dieser entspricht dem dreifachen unteren Grenzlohn. Erfasst wird also nur der Betrag zwischen diesen beiden Einkommen. Da Rentner erst im Jahr 2025 die volle Beitragsdauer erreichen, kann man auch erst dann Aussagen zur vollen Leistungsfähigkeit dieser Säule machen. Es lässt sich aber sagen, dass die berufliche Vorsorge in erster Linie ein Modell für den oberen Mittelstand darstellt, was zum Beispiel auch auf den koordinierten Lohn zurückzuführen ist. [17]

---

[14] Vgl. http://www.rechsteiner-basel.ch/pub/18/flexicurity.pdf. vom 16.1.2006.
[15] Vgl. Wagner, Antonin, SASSA- Sekretariat (Hrsg.): Wohlfahrtsstaat Schweiz: Eine problemorientierte Einführung in die Sozialpolitik. Verlag: Paul Haupt Bern und Stuttgart. 1985. S. 177.
[16] Vgl. http://www.rechsteiner-basel.ch/pub/18/flexicurity.pdf. vom 16.1.2006.
[17] Vgl. http://www.rechsteiner-basel.ch/pub/18/flexicurity.pdf. vom 16.1.2006.

3.2.3. Die private Vorsorge

Die dritte Säule stellt die private Vorsorge dar und ist als individuelle Ergänzung zur 1. und 2. Säule konzipiert. Der grundlegende Unterschied zur 1. und 2. Säule ist, dass diese Säule weder kollektiv noch obligatorisch ausgelegt ist. Hingegen besteht hier die Möglichkeit Leistungsziel und Finanzierung selbst zu bestimmen. Diese Vorsorgeform ist für Selbständige von großer Bedeutung, die Ausfälle aus der 2. Säule aufzufangen. Innerhalb dieser Säule wird noch zwischen Modellen unterschieden. Es besteht die Möglichkeit der gebundenen und der freien Vorsorge. [18]

3.2.3.1 Die gebundene Selbstvorsorge

Innerhalb dieser Säule 3a besteht die Möglichkeit des Banksparens, indem ein Vorsorgekonto eingerichtet wird. Alternativ besteht auch der Weg des Versicherungssparens. In diesem Fall wird eine Vorsorgepolice abgeschlossen.
Diese Form der Vorsorge wird steuerlich begünstigt, was Steuerausfälle in Milliardenhöhe nach sich zieht. [19]

3.2.3.2 Die freie Selbstvorsorge

Diese Möglichkeit der Vorsorge besteht im Wesentlichen aus privatem Sparen und Versichern, sowie der Bildung von Wohneigentum. Hier muss allerdings gesagt werden, dass diese Form nur teilweise der Alters- und Hinterbliebenenversorgung dient. Es besteht die Möglichkeit die Ersparnisse jederzeit aufzulösen und über diese frei zu verfügen. Im Vergleich zur gebundenen Vorsorge genießt die freie Vorsorge nur eine geringe steuerliche Begünstigung. [20]

---

[18] Vgl. http://www.rechsteiner-basel.ch/pub/18/flexicurity.pdf. vom 16.1.2006.
[19] Vgl. http://www.rechsteiner-basel.ch/pub/18/flexicurity.pdf. vom 16.1.2006.
[20] Vgl. http://www.rechsteiner-basel.ch/pub/18/flexicurity.pdf. vom 16.1.2006.

4. Arbeitsmarktpolitik

4.1. Geschichtlicher Hintergrund

Wie bereits oben erwähnt, ist die Schweiz in vielen Bereichen ein besonderes Land – wie auch in der Arbeitsmarktpolitik. Bis Mitte der 1970er Jahre herrschte in der Schweiz eine äußerst geringe Arbeitslosigkeit. Grund dafür war neben der wirtschaftlichen Expansion eine flexible Arbeitsmarktverfassung, die in Krisenzeiten den Rückgriff auf zwei Reservefelder erlaubte: ausländische Arbeitskräfte und Frauen. Das Schrumpfen der Arbeitslosigkeit in der Rezession 1974-1976 wurde deshalb praktisch mit der Abnahme dieser beiden Arbeitsfelder ausgeglichen. Während ausländische Arbeitskräfte auf Grund befristeter Arbeitsverträge problemlos nach Hause geschickt wurden, wurde bei den Frauen zeitweise eine Polemik gegen das Doppelverdienertum geführt, so dass viele an den „heimischen Herd" zurückkehrten, ohne sich arbeitslos zu melden. Die durch diese Reservefelder ermöglichte Vollbeschäftigung erlaubte es auch, dass bis 1974 nur 20% aller Schweizer gegen Arbeitslosigkeit versichert waren.[21]

4.2. Reform des Arbeitsmarktes

In den 1990er Jahren erlebte die Schweiz, die international bisher als „Insel der Vollbeschäftigung"[22] galt, ihre größte und längste wirtschaftliche Stagnation seit dem Zweiten Weltkrieg. Die Arbeitslosenquote lag 1990 noch bei 0,5% und stieg über 1993 (4,5%) bei ihrem Höhepunkt 1997 auf über 5%, was für Schweizer Verhältnisse als außergewöhnlich gilt.[23] Diese Rezession löste einen Streit aus, wie der Arbeitsmarkt reformiert werden könnte.

So stand unter anderem auch eine Arbeitszeitverkürzung zur Debatte, in der die Arbeitszeit in Form von Bildungsurlaub genutzt werden oder das

---

[21] Vgl. Kraus, Katrin; Gausen, Thomas: Sozialstaat in Europa. Geschichte, Entwicklung, Perspektiven. 1. Auflage. Wiesbaden. Westdt. Verlag. 2001. S. 250-266.
[22] Vgl. http://www.ruediwinkler.ch/dokuments vom 20.1.2006.
[23] Vgl. http://www.ruediwinkler.ch/dokuments vom 20.1.2006.

Rentenalter hergesetzt werden könnte.[24] Am endete mündete die Diskussion aber in den Arbeitsmarktreformen 1996, die folgendes vorsah:

1. Einführung eines flächendeckenden Netzes von Regionalen Arbeitsvermittlungszentren (RAV).
2. Die Einführung von bundeseinheitlichen Leistungen der über 40 privaten und öffentlichen Arbeitslosenkassen.
3. Die Einführung eines Bündels von aktiven arbeitsmarktpolitischen Maßnahmen.

1. Regionale Arbeitsvermittlungzentren (RAV)

Bis 1998 wurden rund 150 RAV eingerichtet, die weitgehend über die Arbeitslosenversicherung finanziert werden. Zuständig für die Leitung der RAV ist das Staatssekretariat für Wirtschaft (Seco), die Verantwortung übernehmen die Kantone. Die Kernaufgaben der RAV sind die Beratung Stellensuchenden, die Zuweisung an offene Stellen, die Klärung der Anspruchsberechtigung bei der Arbeitslosenversicherung und auch das Verhängen von Sanktionen bei Vorliegen eines Sanktionsgrundes. Des Weiteren können auch private Vermittler hinzugezogen werden. Um den Ertrag der RAV zu erhöhen, werden jährliche kantonale Wirkungsindices errechnet. So erhalten Kantone, die überdurchschnittlich gut abschneiden, einen Bonus von bis zu 3% ihrer Kosten.

2. Die Arbeitslosenversicherung

Grundbedingung für den Bezug von Arbeitslosengeld, das 80% des letzten Verdienstes ergibt[25], sind mindestens sechs Beitragsmonate innerhalb der letzten zwei Jahre. Wichtigstes Element ist hierbei die zeitliche Beschränkung des „passiven Tagesgeldbezuges" auf 150 Tage, das für ältere Arbeitslose bis auf 400 Tage ausgedehnt werden kann.

Damit sich die Arbeitslosen um einen neue Stelle bemühen, wird auf sie durch einige Bestimmungen ein großer Druck ausgeübt. So kann der

---

[24] Vgl. Schaad, Jokob; Schnellenbauer, Patrik: Beschäftigung und Arbeitszeiten. Ökonomische Aspekte., in: Würgler, Hans (Hrsg.), Arbeitszeit und Arbeitslosigkeit. Zur Diskussion der Beschäftigungspolitik in der Schweiz. Verlag des Fachvereine an den schweizerischen Hochschulen und Techniken AG. Zürich. 1994. S. 25-34.

[25] Versicherte, die keine Unterhaltspflicht gegenüber Kindern haben und nicht invalid sind, erhalten nur 70% des letzten Verdienstes.

Arbeitslose weitere Ansprüche auf Tagesgeldbezug nur gelten machen, wenn er an einer arbeitsmarktpolitischen Maßnahme teilnimmt (Aktivierungsprinzip). Diese kann bis zu zwei Jahre dauern. Während des Tagesgeldbezuges ist der Arbeitslose außerdem verpflichtet, monatlich circa zehn Bewerbungen einzureichen, auch während der Teilnahme an einer arbeitsmarktpolitischen Maßnahme. Eine neue Stelle ist dann zumutbar, wenn das Gehalt mindestens die Höhe der Arbeitslosenunterstützung beträgt. Eine Wegstrecke von 2x2 Stunden muss der Stellensuchende dabei in Kauf nehmen. Eine Besonderheit in der schweizerischen Arbeitslosenversicherung, ist der „Zwischenverdienst". Liegt der Verdienst bei einer neuen Stelle unterhalb des Arbeitslosengeldes, übernimmt die Arbeitslosenversicherung 70%-80% der Differenz zwischen altem und neuem Lohn. Dieses System bringt sowohl für Arbeitslose als auch die Arbeitslosenversicherung Vorteile. Während die Arbeitslosenversicherung ein geringeres Tagesgeld bezahlt, erhält der Arbeitslose mehr Lohn und wird so motiviert, auch niedrig bezahlte Arbeit anzunehmen.

3. Aktive arbeitsmarktpolitische Maßnahmen

Wenn die Arbeitslosen nach Ende des Tagessgeldbezuges, also spätestens nach sieben Monaten, noch keine neue Stelle gefunden haben, müssen sie an einer arbeitmarktpolitischen Maßnahme teilnehmen, die bis zu zwei Jahre dauern kann. Maßnahmen zur Vermeidung und Bekämpfung von Arbeitslosigkeit sind Ausbildungs-, Weiterbildungs- und Umschulungsmaßnahmen, Lohnkostenzuschüsse für Unternehmen, die auch ältere oder unqualifizierte Arbeitslose einstellen und Programme zur vorübergehenden Beschäftigung.[26]

4.3. Aktuelle Lage

Die Arbeitsmarkreformen führten dazu, dass die steigenden Arbeitslosenzahlen wieder gefallen sind und sich die Lage auf dem Schweizer Arbeitsmarkt einigermaßen normalisiert hat.

---

[26] Vgl. http://doku.iab.de/kurzber/2002/kb0902.pdf vom 20.1.2006.

2005 betrug die Arbeitslosenquote 3,8% und wird in den nächsten Jahren weiter fallen.[27] Diese positive Beschäftigungssituation spiegelt sich zudem in weiteren Punkten wider. So liegt die Schweiz bei der Beschäftigungsquote (80%) aller OECD-Staaten an der Spitze, und das sogar in allen Altersgruppen. Besonders hervorzuheben ist die außergewöhnlich hohe Erwerbsquote bei den 55-64jährigen, die mit 70% fast doppelt so hoch ist wie in Deutschland (38%). Des Weiteren kennzeichnen die dritthöchste Teilzeitarbeitsquote, den höchsten Anteil ausländischer Arbeitnehmer (20%) und eine sehr hohe Anzahl an Selbstständigen (18%) den positiven Beschäftigungszustand der Schweiz. Außerdem sind die sehr geringen Fehlzeiten erstaunlich, obwohl die Schweiz nach Großbritannien mit 42 Wochenarbeitsstunden die höchsten Arbeitszeiten der Welt hat. Diese bemerkenswerte Arbeitsmarktlage erstaunt etwas, da die Schweiz traditionell über eines der schwächsten Wirtschaftswachstümer aller OECD-Staaten verfügt (2004: 1,3%) und dennoch steigende Beschäftigungszahlen verbuchen kann. Grund dafür ist ein beschäftigungsintensives Wachstum, das die Beschäftigung bereits bei einem geringen konjunkturellen Anstieg steigen lässt. Zudem ist der Arbeitsmarkt sehr flexibel.

Diese Flexibilität spiegelt sich zum Beispiel darin wider, dass die Arbeitnehmer in geographischer, zeitlicher und beruflicher Hinsicht immer mobiler werden, um Arbeitsverträge anzunehmen. Zudem gibt es immer noch ein – wenn auch abnehmendes – Flexibilitätspotential ausländischer Arbeitskräfte, die nur befristete Arbeitserlaubnis haben oder die Erwerbsbeteiligung und Arbeitszeiten der Frauen, die mit der Konjunktur variieren. Den Unternehmen kommen zudem die geringen Lohnnebenkosten, der lockere Kündigungsschutz und die fehlenden Flächentarifverträge zu gute, die ihnen Spielraum geben, die Personalkosten in Krisenzeiten kurzfristig zu beeinflussen. Obwohl auch noch die Schweiz einige Aufgaben, wie zum Beispiel die Integration von Langzeitarbeitslosen zu meistern hat, dienen die Eidgenossen als Beispiel dafür, wie man die OECD-Empfehlungen zur Umkrempelung des Arbeitsmarktes erfolgreich umsetzen kann.[28]

---

[27] Vgl. http://de.bluewin.ch/news/index.php/wirtschaft/news/20060106:brd018 vom 26.1.2006.
[28] Vgl. http://doku.iab.de/kurzber/2002/kb0902.pdf vom 20.1.2006.

5. Gesundheitssystem

5.1. Reform des Gesundheitssystems

Das Gesundheitssystem der Schweiz ist eines der teuersten der Welt; nur die Vereinigten Staaten geben noch mehr Geld für die Gesundheit ihrer Bürger aus.[29] Die Regierung der Schweiz war 1996 dazu gezwungen, ihr über eine lange Periode gut funktionierendes System aufgrund der Kostenexplosion und Ineffektivität zu reformieren.

Die Reform brachte ein Kopfpauschalmodell hervor, bei dem jeder Bürger unabhängig von Alter, Einkommen und Geschlecht einen festen Betrag an seine Krankenversicherung bezahlen muss. Durch diesen Festbetrag sichern sich die Bürger eine Grundkrankenversicherung und können überdies eine zusätzliche Zusatzversicherung abschließen. Kinder und Jugendliche unter 18 Jahren und Geringverdiener erhalten finanzielle Hilfe für die obligatorische Grundsicherung.

Zusätzlich hierzu ist der Bürger dazu verpflichtet, bei jedem Arztbesuch und stationären Aufenthalt 10% der entstandenen Kosten zu tragen. Allerdings gibt es hier einen maximalen jährlichen Höchstbetrag.

Um die pauschale Monatsprämie zu reduzieren, verbleiben dem Bürger zwei Möglichkeiten: die erste richtet sich an Versicherte, die sowohl finanziell in der Lage als auch dazu bereit sind, die maximale Selbstbeteiligung von jährlich 2500 Schweizer Franken (ca. 1600 Euro) zu zahlen, um damit auf niedrigere Monatsprämien hoffen zu können. Die zweite Möglichkeit richtet sich an Bürger, die nur selten krank werden. Diese haben demnach die Möglichkeit niedrige Pauschalen zu zahlen, wenn diese ihre Krankenversicherung nur selten oder gar nicht in Anspruch nehmen.

---

[29] Vgl. http://www.bfs.admin.ch/bfs/portal/de/index/themen/gesundheit/gesundheitsversorgung/ kosten__finanzierung/kennzahlen0/kosten0/internationaler_vergleich.html vom 17.1.2006.

Die Reform von 1996 brachte viele Vorteile, aber überwiegend für die besser verdienende und gesunde Bevölkerung. Doch die beschlossene Zusatzversicherung und die verstärkte Selbstbeteiligung stellt sich immer mehr als Kosten treibende Falle dar.[30]

Im Großen und Ganzen kann man also auch in der Schweiz einen Rückgang der staatlichen Aufwendungen beobachten.

5.2. Anfallende Kosten

Die Aufwendungen für das Gesundheitssystem der Schweiz beliefen sich 2003 für circa sieben Millionen Versicherte auf 50 Mrd. Franken, was einer Belastung von 11,5% des BIP im gleichen Jahr entsprach.[31]

Die entstandenen Kosten im Krankheitsfall muss der Patient zunächst selber tragen, da er nach den neuen Reform von 1996 dazu verpflichtet ist, eine Selbstbeteiligung von circa 290 Franken im Jahr – abhängig vom jeweiligem Kanton, in dem er wohnt – zu zahlen. Zusätzlich dazu muss er sich aber auch mit 10% an den weiteren Kosten, die über diesen festgelegten Festbetrag entstehen, beteiligen. Ausnahmen hierzu sind wirtschaftlich Schwächere sowie Kinder und Jugendliche bis 18 Jahren – hier leistet der Bund Subventionen an die privat organisierten Kassen, um solchen Bürgern billigere Monatsprämien anbieten zu können. Für weitere Leistungen sind die freiwilligen Zusatzversicherungen verantwortlich, in denen 2003 mehr als 40% der Bevölkerung angemeldet waren. Für die Beschaffung von Arzneimitteln ist hervorzuheben, dass knapp ein Drittel aller zugelassenen Medikamente sich auf einer so genanten „Spezialitätenliste" befinden; diese wird im Zusammenarbeit zwischen Kantonen und den Kassen erstellt und schreibt vor, dass die sich auf der Liste befindlichen Medikamente von den obligatorischen Kassen unter einer Selbstbeteiligung von 10% finanziert

---

[30] Vgl. http://www.bfs.admin.ch/bfs/portal/de/index/themen/gesundheit/uebersicht/blank /publikationen.html?publicationID=1976 vom 17.1.2006.
[31] Vgl. http://www.bfs.admin.ch/bfs/portal/de/index/themen/gesundheit/gesundheitsversorgung/ kosten_finanzierung/kennzahlen0/kosten0/ueberblick.html vom 17.1.2006.

werden.[32] In der zahnärztlichen Versorgung werden nur chirurgische Maßnahmen von der obligatorischen Grundversicherung übernommen.

Die Unfallversicherung wurde durch die Reform von der Krankenversicherung getrennt, hier wird jeder Angestellte vom Arbeitgeber versichert und ist nur für Unfälle während der Arbeitszeit versichert. Für Unfälle in seiner Freizeit muss dieser sich zusätzlich versichern; wer kein Angestellter ist, muss sich für beide Fälle Zusatzversichern.

5.3. Aufgabenverteilung

Die Aufgaben im Gesundheitswesen werden vom Bund, Kantonen und den Verbänden ausgeführt. Während der Bund die Möglichkeit besitzt, mit Gesetzen und Subventionen aktiv in das Gesundheitssystem einzugreifen, besitzen die Kantone eher Ausführungskompetenzen, was sie zu Hauptakteuren im Gesundheitswesen macht. Die Reform von 1996 verpflichtet sie dazu, sich mit 50% an den entstandenen Kosten der Spitäler zu beteiligen. Dafür müssen sie auch die Spitalplanung durchführen. Die Kantone haben aber auch die Aufgabe, mit den Kassen eine Spezialitätenliste zu erstellen und Tarifverhandlungen mit den Ärzteverbänden auszuhandeln.

5.4. Gründe für die Kostenexplosion

Das Gesundheitssystem der Schweiz wird im Augenblick von steigenden Kosten geplagt, über dessen Gründe sich viele Experten uneinig sind. Jedoch wird auch hier oft das Problem der Überalterung der schweizerischen Gesellschaft genannt. Des Weiteren sollen die Preise im Wesentlichen durch mangelnde Koordination und Steuerung des Systems steigen.[33]

---

[32] Vgl. http://www.obsan.ch/infos/news/d/obsan_panorama30-40_D.pdf/ vom 17.1.2006.
[33] Vgl. Wagner, Antonin. Wohlfahrtsstaat Schweiz. Eine problemorientierte Einführung in die Sozialpolitik. 1995. S. 132.

Durch die Beteiligung des Versicherten an den entstandenen ambulanten Kosten sind Krankenhäuser daran interessiert, ihre Patienten länger als nötig bei sich zu behalten. Dieser Sachstand stellt einen weiteren Grund für die Kostenexplosion da. Die bestehende Zusatzversicherung ist nach Analysten ein Grund für viele Ärztepraxen und Krankenhäuser in eine Art Wettrüsten um die beste Ausrüstung zu verfallen, um die Patienten mit einer Zusatzversicherung für sich zu gewinnen.[34]

Die schweizerische Regierung reagiert momentan verzweifelt mit der Schließungen von Krankenhäusern und der Nichterteilung der Zulassungen von neuen Ärztepraxen.

5.5. Das Gesundheitssystem im internationalen Vergleich

Im internationalen Vergleich von Kostenaufwendungen gemessen am BIP liegt die Schweiz weltweit an zweiter Stelle. Eine weitere Eigenschaft ist die hohe Lebenserwartung der Schweizer. Diese lag in der Schweiz 2005 bei Männern bei 77,9 und bei Frauen bei 83 Jahren; der EU-Durchschnitt dagegen liegt bei Männern bei 69,7 und bei Frauen 77,9 Jahren. In anderen Gesundheitsbereichen liegt die Schweiz im EU Durchschnitt. Bemerkenswert ist auch, dass die Suizidrate in der Schweiz mit 1300 bis 1400 Todesfällen im Jahr für ein reiches Land sehr hoch ist.[35]

Zusammenfassend kann man sagen, dass die Schweiz ein liberales Gesundheitssystem betreibt, in dem der einzelne Bürger die Hauptlast an dem Gesundheitssystem trägt. Bei näherer Betrachtung stellt sich zudem heraus, dass auch ein reiches Land wie die Schweiz nicht in der Lage ist, sich den Problemen der demographischen Entwicklung entgegen zu stellen.

---

[34] Vgl. http://www.medport.de/lexikon/index.php7Gesundheitswesen_Schweiz vom 17.1.2006.
[35] Vgl. http://www.admin.ch/cp/d/42942973_1@fwsrvg.html vom 17.1.2006.

6. Literaturverzeichnis

Büchertitel:

Kraus, Katrin; Gausen, Thomas: Sozialstaat in Europa. Geschichte, Entwicklung, Perspektiven. 1. Auflage. Wiesbaden. Westdt. Verlag. 2001.

Schaad, Jokob; Schnellenbauer, Patrik: Beschäftigung und Arbeitzeiten. Ökonomische Aspekte., in: Würgler, Hans (Hrsg.), Arbeitszeit und Arbeitslosigkeit. Zur Diskussion der Beschäftigungspolitik in der Schweiz. Verlag der Fachvereine an den schweizerischen Hochschulen und Techniken AG. Zürich. 1994.

Wagner, Antonin: Wohlfahrtsstaat Schweiz. Eine problemorientierte Einführung in die Sozialpolitik. 1995.

Wagner, Antonin, SASSA- Sekretariat (Hrsg.): Wohlfahrtsstaat Schweiz: Eine problemorientierte Einführung in die Sozialpolitik. Verlag: Paul Haupt Bern und Stuttgart. 1985.

Internetquellen:

http://doku.iab.de/kurzber/2002/kb0902.pdf vom 20.1.2006.

http://de.bluewin.ch/news/index.php/wirtschaft/news/20060106:brd018 vom 26.1.2006.

http://www.admin.ch/cp/d/42942973_1@fwsrvg.html vom 17.1.2006.

http://www.bsv.admin.ch/aktuell/highlight/d/index.htm vom 14.1.2006.

http://www.bfs.admin.ch/bfs/portal/de/index/themen/gesundheit/gesundheitsv ersorgung/kosten__finanzierung/kennzahlen0/kosten0/internationaler_verglei ch.html vom 17.1.2006.

http://www.medport.de/lexikon/index.php7Gesundheitswesen_Schweiz vom 17.1.2006.

http://www.obsan.ch/infos/news/d/obsan_panorama30-40_D.pdf/ vom 17.1.2006.

http://www.rechsteiner-basel.ch/pub/18/flexicurity.pdf vom 15.1.2006.

http://www.ruediwinkler.ch/dokuments vom 20.1.2006.